Stephanie Kraft

Window Color
Weihnachtsmotive

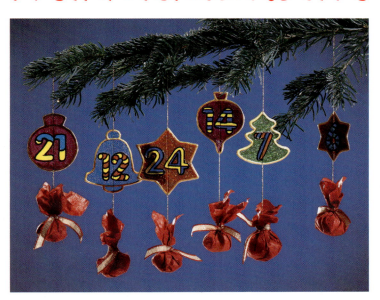

Stephanie Kraft

Window Color Weihnachtsmotive

Mit Bastelanleitungen
Vorlagen in Originalgröße

AUGUSTUS

Inhalt

Vorwort 5

Material 6
Farben 6
Folien 6

Technik 6
Vorlagen übertragen 6
Konturen zeichnen 7
Farbflächen anlegen 7
Trocknen und fertig stellen 7

Tipps und Tricks 7

Rentier-Schmuck 8
Nikolausmobile 9
Schnee-Hampelmann 10
Stechpalmen-Girlande 11
Girlande mit Tannengrün ... 12
Kranzmobile mit Kugeln 13
Festtagskonzert 14
Strumpfkette 14
Tanzende Pinguinkolonie ... 16
Schneemann-Bedachung 17
Kugeliger Schneezauber 18
Gänsebordüre 19
Engel im Mond 20
Gefüllter Stiefel 21
Adventskalender 22
Nikolaus mit Krummstab 24
Nikolaus-Tischparade 25
Tischdekor »Schneemann« ... 26
Eisbären-Zeit 27
Geschäftige Blumenstecker .. 28
Geschenkaufkleber-Trio 30
Weihnachtswünsche
  im Flug 31
Beschirmte Winterwelt 32
Nostalgische Grußkarten ... 33
Christrosen-Pracht 34
Eckmotiv »Kerzengesteck« .. 35
Kirchenidylle 36
Weihnachtschor 37
Vogelhäuschen 38
O Tannenbaum… 39
Festtagszweig 40
Taschenbär 40
Lichtmotive »Baum« 42
Geschenkkarton mit Kranz .. 44

Kartenkränzchen	45
Glockenklang für die Vase	46
Sternenregen	47
Tischensemble »Weihnachtsstern«	48
Süßer die Glocken nie klingen…	52
Glocken-Anhänger	53
Schüttelkarte mit Komet	54
Sternenkette	55
Süßes Knusperhaus	56
Lebkuchen-Lolly	56

Vorwort

Window Color als Bastelhobby wird immer beliebter. Auch zur Weihnachtszeit können Sie mit dieser Mal- und Basteltechnik Ihr Zuhause festlich schmücken, da die Farben intensive Leuchtkraft besitzen und außerdem in vielen Glitzer-Farbtönen erhältlich sind. In diesem Buch finden Sie nicht nur Fensterbilder, sondern auch eine Menge anderer Bastelideen, wie z. B. Mobiles, Lichterketten, Laternen und einen Adventskalender. Auch verschiedene Tischdekorationen sowie Geschenkanhänger und Grußkarten gehören zur Bastelaktivität rund ums Fest.

Ich wünsche Ihnen eine schöne Vorweihnachtszeit und viel Spaß beim Malen mit Window Color.

Ihre
Stephanie Kraft

Bilderkette aus Lebkuchen	58
Großmutters Einmachglas	60
Tüten-Engelchen	61
Laternen-Stecker-Set	62
Himmlische Engellaterne	64
Engelreigen	65
Kerzenstimmung	66
Ilex-Kugeldekor	68
Adventskranz	70
Weihnachtliche Geschenktasche	72

Vorlagen 73

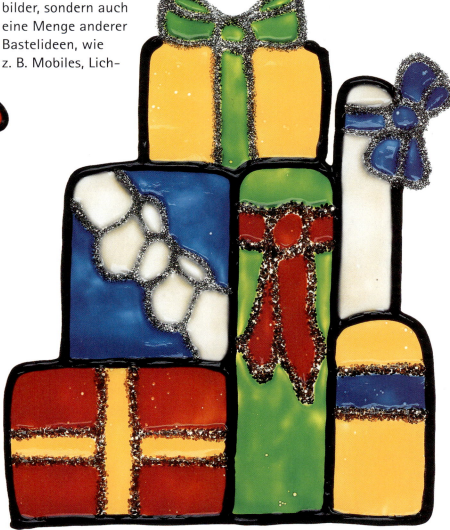

Material

Farben

Window Color-Farben können Sie in vielen verschiedenen Farbtönen im Fachhandel für Bastel- und Hobbybedarf kaufen. Die Farben sind nicht nur wasserlöslich und untereinander mischbar, sondern auch mit glattem und strukturiertem Effekt erhältlich. Zusätzlich gibt es zahlreiche Farben mit Glitzereffekt sowie Pastelltöne. Für die Motivkonturen benötigen Sie Konturenfarben, die ebenfalls in unterschiedlichen Farbtönen angeboten werden und – je nach Hersteller – auch transparent oder mit Glitzereffekt. Motivzwischenräume füllen Sie am besten mit kristallklarer Farbe aus; dadurch werden insbesondere filigrane Motive stabiler und lassen sich besser an der Fensterscheibe anbringen.

Alle Farben sind in praktische Kunststoffflaschen mit Spritztülle abgefüllt, die Sie zum Zeichnen und Malen wie einen Stift verwenden.

Folien

Die Farben werden auf normale Prospekthüllen aus Polyethylen (PE) oder Polypropylen (PP) aufgetragen und sind von diesem

Maluntergrund nach dem Trocknen ablösbar. Die Hüllen werden in DIN A4- und DIN A3-Format in jedem Schreibwarengeschäft angeboten. Auch PVC-Folien oder Spezialfolien wie stabile Folie, Laternenfolie oder Windradfolie können verwendet werden; allerdings lassen sich von diesen die Farben nicht mehr ablösen. In diesem Fall kann man aber die Motive nach dem Trocknen ausschneiden und z. B. Mobiles oder Lichtobjekte daraus anfertigen.

Technik

Vorlagen übertragen

Das gewünschte Motiv von der Vorlage auf Transparentpapier abpausen oder fotokopieren. Schieben Sie Ihre Kopie einfach in die Prospekthülle; bei stabileren Folien befestigen Sie sie mit Tesafilm unter der Folie. So kann nichts verrutschen.

Tipp

Wenn Sie Ihren Window-Color-Arbeiten mehr Stabilität verleihen wollen, empfehlen sich besonders dünne Folien, die in der Größe 35 x 50 cm im Fachhandel erhältlich sind. Auch hier lassen sich die Farben nicht mehr ablösen, Sie können die Motive aber mit der Folie anbringen, da diese sehr gut auf glatten Flächen haftet.

Tipp

Beim Fotokopieren können Sie das Motiv nach Wunsch auch sehr einfach vergrößern bzw. verkleinern oder auch nur Teile der Vorlage auswählen und verändern.

Konturen zeichnen

Zunächst ziehen Sie die Konturen des Motivs mit Konturenfarbe nach und lassen die Linien etwa acht Stunden trocknen. Die Konturen müssen jeweils eine geschlossene Linie bilden, damit beim Ausmalen der Flächen die Farben nicht zusammenlaufen. Beim Auftragen der Konturen die Flasche niemals direkt auf den Folienuntergrund aufsetzen, sondern etwa einen halben Zentimeter über die Vorlage halten und die Farbe langsam herausdrücken. Je größer der Abstand zur Folie und je schräger Sie die Flasche halten, desto dünner wird die Kontur.

Tipp

Verklebte Flaschenspitzen säubern Sie mit einem Papiertuch und einer Stecknadel. Sie können die Konturenfarbe auch mit der Spitze nach unten in ein Glas mit einem nassen Schwamm stellen; so bleibt die Öffnung immer sauber.

Farbflächen anlegen

Nun können Sie das Motiv ausmalen. Verwenden Sie dabei reichlich Farbe, die Sie direkt aus der Flasche bis an den Konturenrand auftragen oder mit einem Zahnstocher verziehen. Wenn Luftblasen entstehen, können diese im feuchten Zustand mit einer Nadel aufgestochen werden. Überschüssige noch feuchte Farbe lässt sich mit einem Wattestäbchen entfernen.

Trocknen und fertig stellen

Die Farbe ist erst milchig und trocknet nach etwa 24 Stunden transparent aus. Nach dem Trocknen können Sie das Motiv von der Folie abziehen oder – bei PVC- oder stabilen Folien – ausschneiden. Die Motive haften auf allen glatten Untergründen, wie z. B. Glas, Porzellan, Metall oder Keramik.

Tipps und Tricks

✔ Die Farbflaschen nie schütteln, sonst entstehen Luftblasen. Am besten bewahren Sie die Flaschen auf dem Kopf stehend in einem Karton auf. So sind sie immer malbereit.

✔ Farbverläufe entstehen, wenn Sie zwei nebeneinander gesetzte Farbflächen an der Berührungskante mit einem Zahnstocher oder einer Nadel ineinander verziehen.

✔ Sollten Sie mit einem Motivteil nicht zufrieden sein, können Sie diesen nach dem Trocknen mit der Schere abschneiden und neu aufmalen. Setzen Sie die Farbe dabei direkt an das bereits trockene Motiv an.

✔ Motive, die am Fenster angebracht sind, sollten Sie bei kaltem Wetter vor dem Ablösen mit einem Fön leicht erwärmen. Andernfalls besteht die Gefahr, dass sie einreißen oder abbrechen.

✔ Fertige Motive bewahren Sie am sichersten separat in den Prospekthüllen auf; so können sie nicht zusammenkleben.

Rentier-Schmück

Dass Rentiere so vielseitig sein können, haben Sie bestimmt auch noch nicht gewusst ...

Das wird gebraucht

Konturenfarben
✔ Schwarz, Flitter-Silber

Farben
✔ Nougat, Cognac, Schwarz, Himbeer, Saphir, Brombeer, Apfelgrün, Strohgelb

So wird's gemacht

Malen Sie das Motiv wie unter »Technik« auf Seite 6 beschrieben.

Vorlage siehe Seite 73

Nikolausmobile

Da baumeln sie, die fröhlichen Nikoläuse, und tanzen rund um den Weihnachtsbaum.

Das wird gebraucht
Konturenfarben
✔ Schwarz, Grün

Farben
✔ Weiß, Himbeer, Blattgrün, Rosé, Perlmutt-Lagune, Strohgelb, Himmelblau, Nougat

Zusätzliches Material
✔ Stabile Folie, Perlonfaden, 27 cm langer Mobiledraht, Nadel, Klebstoff

So wird's gemacht
Malen Sie die Motive wie unter »Technik« auf Seite 6 beschrieben auf stabile Folie; anschließend trocknen lassen und ausschneiden. Mit Perlonfaden, der durch die vorgestochenen Löcher geführt und verknotet wird, binden Sie dann die Nikoläuse und den Tannenbaum am Mobiledraht fest. Die Motivanhänger ausrichten und mit etwas Klebstoff fixieren.

Vorlage siehe Seite 74

Schnee-Hampelmann

Flexibilität ist alles. Dem kann auch ein moderner Schneemann nicht entgehen.

Das wird gebraucht

Konturenfarben
✔ Schwarz, Weiß

Farben
✔ Weiß, Dunkelrot, Perlmutt-Atoll, Strohgelb, Silber, Pfirsich, Nougat, Glitzer-Silber

Zusätzliches Material
✔ Stabile Folie, Nadel, Klebstoff, weißes Stickgarn, 9 weiße Holzperlen

So wird's gemacht

Malen Sie das Motiv wie unter »Technik« auf Seite 6 beschrieben auf stabile Folie; anschlie-

ßend trocknen lassen und ausschneiden. An den in der Vorlage bezeichneten Stellen Löcher vorstechen und die entsprechenden Teile mit der glatten Seite der Folie an den Löchern übereinander legen. Verbinden Sie Körper, Arme und Beine wie eingezeichnet mit Stickgarn, wobei je zwei Holzperlen als Sicherung dienen. Am Ende des Garnzuges wird die letzte Holzperle befestigt.

Vorlage siehe Seite 75/76

Stechpalmen-Girlande

Voll bepackt mit Köstlichkeiten ist diese Girlande. Ob Sie wohl Lust bekommen auf eine Verlängerung des Prachtstücks?

Das wird gebraucht

Konturenfarben
✔ Schwarz, Grün, Rot

Farben
✔ Weiß, Strohgelb, Saphir, Glitzer-Grün, Pfirsich, Erdbeer, Holunder

So wird's gemacht

Schneiden Sie die übertragene oder fotokopierte Vorlage grob aus und kleben Sie sie an der gestrichelten Markierung zusammen. Das Motiv wie unter »Technik« auf Seite 6 beschrieben ausmalen.

Tipp
Eine attraktive Ergänzung sind Einzelmotive aus der Girlande, die Sie gesondert gestalten und bunt verteilt zu der Girlande hinzu dekorieren können.

Vorlage siehe Seite 77

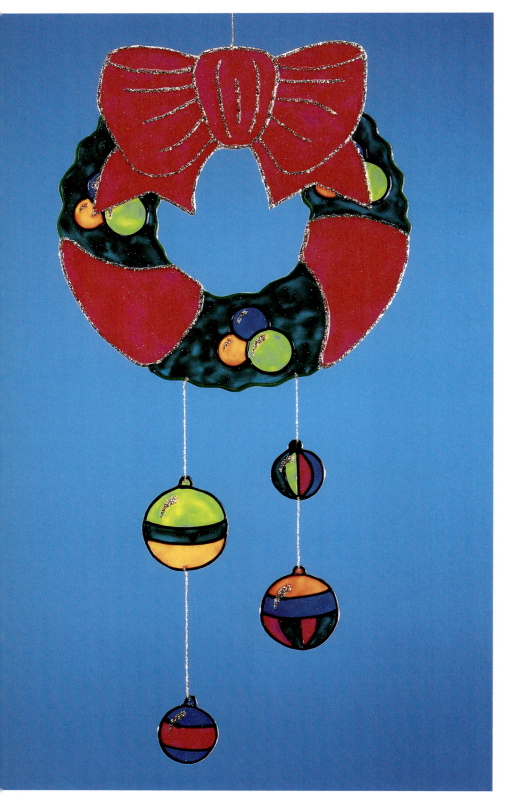

Kranz-mobile mit Kugeln

Die bunten Kugeln sind schnell gemalt und wiederholen sich in kleinerer Ausführung am Kranz.

Das wird gebraucht

Konturenfarben
✔ Schwarz, Grün, Flitter-Gold

Farben
✔ Brombeer, Citron, Dunkelgrün, Pfirsich, Saphir

Zusätzliches Material
✔ Stabile Folie, Perlonfaden, Nadel, Klebstoff

So wird's gemacht

Malen Sie die Motive wie unter »Technik« auf Seite 6 beschrieben auf stabile Folie; anschließend trocknen lassen und ausschneiden. Mit Perlonfaden, den Sie durch die vorgestochenen Löcher einziehen und verknoten, werden die Kugeln am Kranz festgebunden. Zum Schluss mit etwas Klebstoff fixieren.

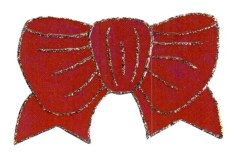

Vorlage siehe Seite 78

Girlande mit Tannengrün

Mit sanftem Schwung entführt diese zarte Girlande den Betrachter buchstäblich auf »Weihnachtswolke 7«.

Das wird gebraucht

Konturenfarben
✔ Schwarz, Grün

Farben
✔ Weiß, Himbeer, Cognac, Citron, Orientblau, Olivgrün Rosé

So wird's gemacht

Schneiden Sie die übertragene oder fotokopierte Vorlage grob aus und kleben Sie sie an den Pfeilen zusammen. Das Motiv wie unter »Technik« auf Seite 6 beschrieben ausmalen.

Tipp

Diese Girlande lässt sich beliebig verlängern. Legen Sie zur Orientierung ein Lineal auf die gestrichelte Linie und setzen Sie immer wieder Motivteile an, bis die gewünschte Länge erreicht ist.

Vorlage siehe Seite 79

Festtagskonzert

Eine ordentliche Parade kommt mit diesen festlich geschmückten Instrumenten zustande.

Das wird gebraucht

Konturenfarben
✔ Schwarz, Flitter-Gold

Farben
✔ Weiß, Siena, Cognac, Himbeer, Grasgrün, Strohgelb, Himmelblau, Pfauenblau, Bernstein

Zusätzliches Material
✔ Stabile Folie, Perlonfaden, Nadel, Klebstoff

So wird's gemacht

Malen Sie die Motive wie unter »Technik« auf Seite 6 beschrieben auf stabile Folie; anschließend trocknen lassen und ausschneiden. Mit Perlonfaden, den Sie durch die vorgestochenen Löcher einziehen, werden die Musikinstrumente zu einer Kette aufgereiht. Den Faden an den Löchern mit etwas Klebstoff fixieren, damit die Motive nicht verrutschen.

Vorlage siehe Seite 80

Strumpfkette

Derartige Prachtexemplare mit weihnachtlicher Füllung dürfen unbedenklich überall präsentiert werden.

Das wird gebraucht

Konturenfarbe
✔ Schwarz

Farben
✔ Weiß, Erdbeer, Blattgrün, Citron, Bernstein, Blauviolett, Nougat, Orientblau

Zusätzliches Material
✔ Stabile Folie, Perlonfaden, Nadel, Klebstoff

So wird's gemacht

Malen Sie die Motive wie unter »Technik« auf Seite 6 beschrieben auf stabile Folie; anschließend

trocknen lassen und ausschneiden. Mit Perlonfaden, den Sie durch die vorgestochenen Löcher einziehen, werden die gefüllten Strümpfe zu einer Kette aufgereiht. Den Faden an den Löchern mit etwas Klebstoff fixieren, damit die Motive nicht verrutschen.

Vorlage siehe Seite 81/82

Tanzende Pinguinkolonie

In einem Mobile werden selbst Pinguine noch beweglich.

Das wird gebraucht

Konturenfarben
✔ Schwarz, Flitter-Silber

Farben
✔ Weiß, Samtblau, Himbeer, Pfirsich, Citron, Holunder, Blattgrün

Zusätzliches Material
✔ Stabile Folie, Perlonfaden, 27 cm langer Mobiledraht, Nadel, Klebstoff

So wird's gemacht

Malen Sie die Motive wie unter »Technik« auf Seite 6 beschrieben auf stabile Folie; anschließend trocknen lassen und ausschneiden. Mit Perlonfaden, den Sie durch die vorgestochenen Löcher einziehen und verknoten, werden die Pinguine und der Tannenbaum am Mobiledraht festgebunden. Die Anhänger zum Schluss noch ausrichten und mit etwas Klebstoff fixieren.

Vorlage siehe Seite 84/85

Schneemann-Bedachung

Drunter ist's immer besser! Das denkt sich wohl auch der angelnde Schneemann, der unter dem Eis Geschenke fischt.

Das wird gebraucht

Konturenfarben
✔ Schwarz, Blau, Flitter-Silber

Farben
✔ Weiß, Weiß irisierend, Himbeer, Pfirsich, Blauviolett, Orientblau, Citron, Hellgrau, Ocean, Kristallklar

Zusätzliches Material
✔ Roter oder transparenter Schirm

So wird's gemacht

Malen Sie die Motive wie unter »Technik« auf Seite 6 beschrieben. Trocknen lassen und auf den roten Schirm aufkleben.

Tipp

Wenn Sie den Schirm schließen, sollten Sie eine Folie einlegen, damit das Motiv nicht zusammenklebt.

Vorlage siehe Seite 82/83

Kugeliger Schneezauber

Wie dicke Schneeflocken wirken diese duftigen Kugeln, mit denen es auf angenehmste Weise zu Hause Winter wird.

Das wird gebraucht

Konturenfarbe
- Schwarz

Farben
- Sonnengelb, Rubinrot, Moosgrün, Schneeweiß, Nougat, Maigrün, Kristallklar, Hellbraun, Royalblau, Glitzer-Orchidee

Zusätzliches Material
- Plastikkugeln (Ø 8, 10 und 14 cm), 150 cm Goldband (4 cm breit), 3 m dunkelblaue Kordel, Watte

So wird's gemacht

Malen Sie die Motive wie unter »Technik« auf Seite 6 beschrieben auf die Prospekthülle. Die Kugeln mit Watte füllen und die fertigen Motive aufkleben. Zur Verzierung bilden Sie aus je 50 cm Goldband eine doppelte Schleife und binden diese mit 10 cm Kordel in der Mitte ab.

Gänsebordüre

Weihnachten und die Weihnachtsgans sind ein eigenes Kapitel. Hier fungiert die Gans weniger selbst als Geschenk, sondern als Überbringer.

Mit den restlichen 90 cm Kordel werden die Schleifen auf der Kugel festgebunden und die Kugeln aufgehängt. Malen Sie zum Schluss mit Weiß und Glitzer-Orchidee die Schneeflocken auf.

Tipp
Diese Kugeln machen sich nicht nur als Strauchschmuck gut. Sie zieren auch den Weihnachtsbaum oder sind ebenfalls dekorativ, wenn sie einzeln gehängt werden.

Vorlage siehe Seite 100

Das wird gebraucht

Konturenfarben
✔ Schwarz, Weiß

Farben
✔ Weiß, Dunkelrot, Citron, Gold, Pfirsich, Holunder, Himmelblau, Grasgrün

Zusätzliches Material
✔ 35 x 50 cm selbsthaftende, dünne Folie, Schere

So wird's gemacht

Schneiden Sie die übertragene oder fotokopierte Vorlage grob aus und kleben Sie die einzelnen Teile an den Pfeilen zusammen. Zur Orientierung ein Lineal an der gestrichelten Linie anlegen, damit die Girlande gerade wird.

Nun schneiden Sie die dünne Folie in zwei Teile und setzen diese etwa 3 cm überlappend aneinander, sodass Sie eine 17 x 97 cm große Folienunterlage erhalten.

Malen Sie das Motiv wie unter »Technik« auf Seite 6 beschrieben auf diese dünne Folie und schneiden Sie die Girlande nach dem Trocknen aus.

Tipp
Einzelne Motive aus der Girlande, die Sie separat malen, bilden eine dekorative Ergänzung der Bordüre in Ihrem Fenster.

Vorlage siehe Seite 92 bis 94

Engel im Mond

Wenn Wolken und Sterne sich langsam um den kleinen Engel drehen, schlafen er und andere Zimmerbewohner bestimmt bald ein.

Das wird gebraucht

Konturenfarben
✔ Schwarz, Blau

Farben
✔ Weiß, Cognac, Himbeer, Strohgelb, Rosé, Diamantblau, Orientblau

Zusätzliches Material
✔ Stabile Folie, Perlonfaden, 27 cm und 15 cm langer Mobiledraht, Nadel, Klebstoff

Vorlage siehe Seite 88/89

So wird's gemacht

Malen Sie die Motive wie unter »Technik« auf Seite 6 beschrieben auf stabile Folie; anschließend trocknen lassen und ausschneiden. Mit dem Perlonfaden, den Sie durch die vorgestochenen Löcher einziehen und verknoten, werden die Wolken, Sterne und der Mond an den Mobiledrähten festgebunden. Die Anhänger zum Schluss noch ausrichten und mit etwas Klebstoff fixieren.

Gefüllter Stiefel

Ha, jetzt wird ausgepackt! Damit die Enttäuschung nicht allzu groß ist, sollten Sie dem Stiefel vielleicht ein paar reale Geschenke beigeben…?

Das wird gebraucht

Konturenfarbe
✔ Schwarz

Farben
✔ Weiß, Erdbeer, Blattgrün, Strohgelb, Cognac, Saphir, Holunder

Zusätzliches Material
✔ Stabile Folie, Klebstoff, Kerze

So wird's gemacht

Malen Sie das Motiv wie unter »Technik« auf Seite 6 beschrieben auf stabile Folie; anschließend trocknen lassen und ausschneiden. Aus stabiler Folie zusätzlich nach Vorlage (siehe Seite 90) ein Rechteck ausschneiden; schneiden Sie dieses an den markierten Linien ein.

An den gestrichelten Markierungen wird der Folienstreifen nach hinten geknickt; zusammenstecken und auf die Rückseite des Motivs kleben. Nun kann zur Beleuchtung eine Kerze hinter den Stiefel gestellt werden.

Vorlage siehe Seite 90

Adventskalender

Für Kinder fast ein Muss ... Diese farbenfrohe und leuchtende Variante eines Adventskalenders haben sie bestimmt noch nirgends gesehen.

Das wird gebraucht

Konturenfarbe
- ✔ Gold

Farben
- ✔ Glitzer-Rot, Glitzer-Grün, Glitzer-Diamantblau, Glitzer-Violett, Signalrot, Strohgelb, Orientblau, Türkis

Zusätzliches Material
- ✔ Stabile Folie, 24 Quadrate aus roter Strohseide mit Goldfäden (15 x 15 cm groß), 2,50 m langes rot-goldenes Band (1 cm breit), Nadel, Goldfaden

So wird's gemacht

Malen Sie die Motive wie unter »Technik« auf Seite 6 beschrieben auf stabile Folie; anschließend trocknen lassen und ausschneiden. Mit Goldfaden, der durch die vorgestochenen Löcher gezogen und verknotet wird, binden Sie die in Strohseide eingepackten Geschenke unter den entsprechenden Zahlen fest.

Tipp

Sie können die bunten Zahlen mit den Geschenken auch an mehreren Fenstern verteilt aufhängen.

Vorlage siehe Seite 85 bis 87

Nikolaus mit Krummstab

Mit diesem würdevollen Nikolaus haben Sie einen richtigen Bischof im Haus.

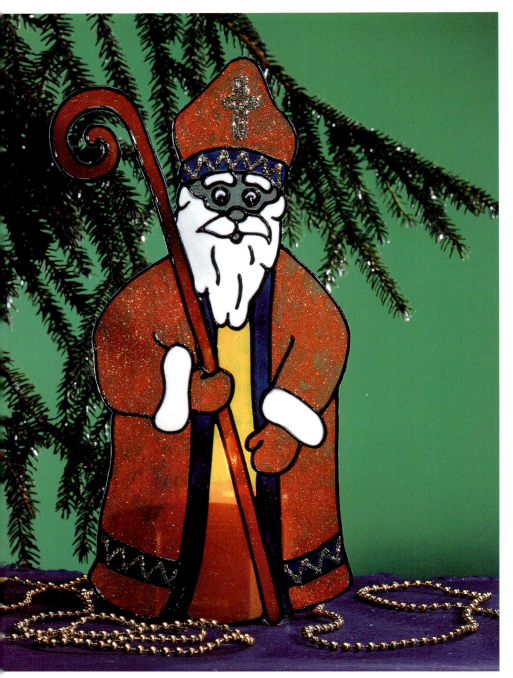

Das wird gebraucht

Konturenfarben
✔ Schwarz, Flitter-Gold

Farben
✔ Weiß, Samtblau, Nougat, Bernstein, Rosé, Glitzer-Rot

Zusätzliches Material
✔ Stabile Folie, Klebstoff, Kerze

So wird's gemacht

Malen Sie das Motiv wie unter »Technik« auf Seite 6 beschrieben auf stabile Folie; anschließend trocknen lassen und ausschneiden. Aus stabiler Folie zusätzlich nach Vorlage Seite 90 ein Rechteck ausschneiden; schneiden Sie dieses an den markierten Linien ein. An den gestrichelten Markierungen wird der Folienstreifen nach hinten geknickt; zusammenstecken und auf die Rückseite des Motivs kleben. Nun kann zur Beleuchtung eine Kerze hinter den Nikolaus gestellt werden.

Vorlage siehe Seite 89

Nikolaus-Tischparade

Schnell ziehen hier ein paar Nikoläuse über den Tisch. Ist der aktuelle Anlass vorüber, lassen sie sich leicht mit einem nassen Tuch wieder abwischen.

Das wird gebraucht

Konturenfarben
- Schwarz, Flitter-Gold, Grün

Farben
- Weiß, Erdbeer, Blattgrün, Hellgrau, Nougat, Saphir, Holunder, Rosé, Kristallklar

Zusätzliches Material
- Abwaschbares weißes Tischset

Vorlage siehe Seite 95

So wird's gemacht

Malen Sie die Motive wie unter »Technik« auf Seite 6 beschrieben. Tragen Sie den Namenszug mit Bleistift auf der Vorlage ein; nach dem Trocknen des Motivs werden die Buchstaben mit goldener Konturenfarbe auf den Baum aufgemalt. Die Nikoläuse und Sternchen nach Belieben auf dem Tischset verteilen. Einige Sternchen können auch auf dem Geschirr oder den Gläsern Platz finden.

Tischdekor »Schneemann«

Diese kleinen Motive können auf dem Geschirr, den Gläsern oder einer abwaschbaren Tischdecke Platz finden.

Das wird gebraucht

Konturenfarben
✔ Schwarz, Weiß

Farben
✔ Weiß, Kristallklar, Pfirsich, Strohgelb, Himbeer, Grasgrün, Saphir, Nougat

Zusätzliches Material
✔ Stabile Folie, Filzstift, Teelicht

So wird's gemacht

Malen Sie die Motive wie unter »Technik« auf Seite 6 beschrieben und bringen Sie sie auf dem gewünschten Untergrund an.

Vorlage siehe Seite 85

Tipp

Wollen Sie noch passende Tischkarten haben, malen Sie die Motive auf stabile Folie. Setzen Sie den Namen dazu und dann großzügig im Halbkreis oder als Rechteck ausschneiden.

Eisbären-Zeit

Auch die kalte Jahreszeit hat ihre Reize! Mit zu den größten Vergnügen gehört dabei eine bärige Eisschollen-Reise.

Vorlage siehe Seite 97

Das wird gebraucht

Konturenfarben
✔ Schwarz, Blau

Farben
✔ Weiß, Ocean, Orientblau, Rosé

So wird's gemacht

Malen Sie die Motive wie unter »Technik« auf Seite 6 beschrieben. Selbstverständlich lässt sich das strahlend blaue Eismeer um beliebig viele Schollen – mit oder ohne »Fahrgäste« – erweitern.

Geschäftige Blumenstecker

Wichtig ist bei diesen Burschen vor allem das Mundstück. Allerdings zeigen sich hier verschiedene Vorlieben...

Nussknacker

Das wird gebraucht

Konturenfarben
✔ Schwarz, Flitter-Gold

Farben
✔ Orientblau, Weiß, Rosé, Citron, Dunkelrot, Cognac, Dunkelgrün, Siena

Zusätzliches Material
✔ Stabile Folie, Schaschlikspieß, Cutter, Tesafilm

So wird's gemacht

Malen Sie den Nussknacker wie unter »Technik« auf Seite 6 beschrieben auf stabile Folie; anschließend trocknen lassen und ausschneiden. An den beiden unteren Strichen mit einem Cutter einschneiden und den Schaschlikspieß hindurchschieben. Dieser wird auf der Rückseite des Motivs mit Tesafilm festgeklebt.

Vorlage siehe Seite 91

Pfeifenmann

Das wird gebraucht
Konturenfarbe
✔ Schwarz

Farben
✔ Weiß, Siena, Cognac, Himbeer, Grasgrün, Strohgelb, Himmelblau, Pfauenblau, Bernstein

Zusätzliches Material
✔ Stabile Folie, Schaschlikspieß, Cutter, Tesafilm

So wird's gemacht
Den »Pfeifenmann« fertigen Sie genauso wie den Nussknacker-Blumenstecker an (siehe Seite 28).

Tipp
Auch diese Figuren eignen sich gut als Baumschmuck. Etwa in der Mitte der Hüte ein Loch bohren zum Befestigen eines Fadens.

Vorlage siehe Seite 91

Geschenkaufkleber-Trio

Im Handumdrehen bekommen Ihre Geschenke durch einen selbst gebastelten Aufkleber den besonderen »Pfiff«. Besonders attraktiv wirkt dazu eine Verpackung mit schillernder Folie.

Das wird gebraucht

Konturenfarbe
✔ Schwarz

Farben
✔ Weiß, Dunkelgrün, Himbeer, Saphir, Citron, Pfirsich, Blattgrün, Nougat

Zusätzliches Material
✔ Holographie- oder Lackfolie zum Verpacken

So wird's gemacht

Malen Sie die Motive wie unter »Technik« auf Seite 6 beschrieben. Für den Farbverlauf beim Apfel werden Citron, Orange und Himbeer nebeneinander aufgemalt und im nassen Zustand mit einem Zahnstocher oder einer Nadel ineinander gemischt.

Die Geschenke mit Folie verpacken und die Motive darauf platzieren.

Vorlage siehe Seite 98

Weihnachtswünsche im Flug

Flugs zieht er vorbei, der eilige Weihnachtsmann, der seine Rentiere gegen ein moderneres Transportmittel eingetauscht hat ...

Das wird gebraucht

Konturenfarben
✔ Schwarz, Flitter-Silber

Farben
✔ Samtblau, Weiß, Hellgrau, Citron, Ocean, Himbeer, Rosé

So wird's gemacht

Malen Sie die Motive wie unter »Technik« auf Seite 6 beschrieben. Das Band wirkt auch auf einem Spiegel oder an einer Glastür sehr attraktiv.

Tipp

Funktionieren Sie den fliegenden Weihnachtsmann um: Einfach an die Glastür kleben und statt »Frohes Fest« »Herzlich Willkommen« schreiben. Alle Gäste werden sich freuen.

Vorlage siehe Seite 99/100

Beschirmte Winterwelt

So machen Regen- und Schneefälle Spaß! Der Blick nach oben erinnert daran, dass auch andere sich davon nicht die gute Laune verderben lassen.

Das wird gebraucht

Konturenfarben
✔ Schwarz, Flitter-Gold

Farben
✔ Weiß, Himbeer, Strohgelb, Blattgrün, Himmelblau, Blauviolett

Zusätzliches Material
✔ Blauer oder transparenter Schirm

So wird's gemacht

Malen Sie die Motive wie unter »Technik« auf Seite 6 beschrieben. Trocknen lassen und auf den Schirm aufkleben.

Tipp

Wenn Sie den Schirm schließen, sollten Sie eine Folie einlegen, damit die Motive nicht zusammenkleben.

Vorlage siehe Seite 102/103

Nostalgische Grußkarten

Schaukelpferd und Trommel erinnern an Kindergeschenke von anno dazumal. Mit diesen bunt gestalteten Weihnachtsgrüßen kommt immer Freude auf.

Das wird gebraucht

Konturenfarbe
- Schwarz

Farben
- Weiß, Citron, Himbeer, Orientblau, Blattgrün, Nougat

Zusätzliches Material
- Passepartoutkarten mit verschiedenen Ausschnitten, stabile Folie, Klebstoff

So wird's gemacht

Zunächst kleben Sie die stabile Folie in die Karten ein. Malen Sie dann die Motive wie unter »Technik« auf Seite 6 beschrieben auf die Prospekthüllen. Trocknen lassen und auf die stabile Folie der Passepartoutkarten kleben.

Vorlage siehe Seite 103

Christrosen-Pracht

Die edle, zur Weihnachtszeit blühende Christrose ist die klassische Blume zum Fest. Ein stilvolles Arrangement in einer Vase – besonders, wenn Sie keine echten Blüten zur Hand haben.

Das wird gebraucht

Konturenfarben
✔ Schwarz, Grün

Farben
✔ Weiß, Strohgelb, Dunkelgrün, Fuchsia, Glitzer-Diamantblau

So wird's gemacht

Malen Sie das Motiv wie unter »Technik« auf Seite 6 beschrieben. Am Rand der weißen Blütenblätter wird Fuchsia aufgetragen und im nassen Zustand mit einer Nadel in die weiße Farbe hineingezogen.

Vorlage Christrose Seite 105
Vorlage Kerzengesteck Seite 104

Eckmotiv »Kerzengesteck«

Überall dort, wo es Ecken gibt, bieten sich diese attraktiven Motive als Dekoration an. Auch einzeln kommt das Gesteck gut zur Wirkung.

Das wird gebraucht
Konturenfarben
✔ Schwarz, Grün

Farben
✔ Citron, Nougat, Glitzer-Silber, Saphir, Dunkelgrün, Brombeer

So wird's gemacht
Malen Sie das Motiv wie unter »Technik« auf Seite 6 beschrieben.

Kirchenidylle

Weihnachtliche Stimmung verbreitet eine verschneite Dorfkirche allemal – und dazu eine große Ruhe.

Das wird gebraucht

Konturenfarben
✔ Schwarz, Flitter-Gold

Farben
✔ Weiß, Cognac, Bernstein, Siena, Blattgrün, Himmelblau, Glitzer-Orchidee, Schwarz, Kristallklar

So wird's gemacht

Malen Sie das Motiv wie unter »Technik« auf Seite 6 beschrieben. Die Zwischenräume bis zu den Sternen mit Kristallklar ausfüllen, damit das Motiv insgesamt am Fenster befestigt werden kann. Alternativ können Sie die Sterne aber auch einzeln malen und nach Belieben verteilen.

Vorlage siehe Seite 108

Weihnachtschor

Ein Lied liegt in der kalten Winterluft ... beim Anblick dieser beiden hingebungsvollen Sänger.

Das wird gebraucht
Konturenfarbe
✔ Schwarz

Farben
✔ Rosé, Nougat, Strohgelb, Weiß, Gold, Pfauenblau, Türkis, Orientblau, Himbeer, Kristallklar

So wird's gemacht
Malen Sie das Motiv wie unter »Technik« auf Seite 6 beschrieben.

Vorlage siehe Seite 101

Vogelhäuschen

An einem Fenster zum Garten oder mit Ausblick ins Grüne passt dieses Wintermotiv aus der Natur besonders gut.

Das wird gebraucht

Konturenfarben
✔ Schwarz, Weiß

Farben
✔ Weiß, Siena, Strohgelb, Cognac, Saphir, Holunder, Kristallklar

So wird's gemacht

Malen Sie das Motiv wie unter »Technik« auf Seite 6 beschrieben. Die Zwischenräume mit Kristallklar ausfüllen, damit das zarte Haus mit Ästen an Stabilität gewinnt. Die Vögel am besten einzeln malen und beliebig an Ihrem Fenster verteilen.

Vorlage siehe Seite 106

O Tannenbaum ...

... du willst mir sehr gefallen. Und wirklich: Vielseitiger lässt sich ein Motiv kaum verwenden.

Vorlage siehe Seite 109

Das wird gebraucht

Konturenfarbe
✔ Schwarz

Farben
✔ Sonnengelb, Dunkelrot, Moosgrün, Magenta, Diamantblau, Nougat

Zusätzliches Material (eventuell)
✔ Stabile Folie, weiße Lichterkette, Tesafilm

So wird's gemacht

Malen Sie die Bäumchen wie unter »Technik« auf Seite 6 beschrieben.

Tipp

Wenn Sie das Motiv mehrfach auf stabile Folie malen und nach dem Trocknen ausschneiden, lassen sich die fertigen Bäumchen z. B. zur Gestaltung einer Lichterkette wie Seite 55 verwenden. Kleben Sie einfach mit Tesafilm vor jedes Licht der Kette ein Bäumchen.

Taschenbär

Eine hinreißende Geschenkidee für kleine Bären-Fans ist diese Tasche, in der sich auch noch weitere Präsente verstauen lassen.

Das wird gebraucht

Konturenfarbe
✔ Schwarz

Farben
✔ Glitzer-Rot, Silber, Nougat, Citron, Bernstein, Rosé, Türkis, Samtblau, Kristallklar

Zusätzliches Material
✔ Klare Plastiktasche

So wird's gemacht

Malen Sie die Motive wie unter »Technik« auf Seite 6 beschrieben. Trocknen lassen und auf die klare Plastiktasche kleben.

Aufkleber für die Taschenrückseite

Festtagszweig

Ein mit einer üppigen Schleife gebundener Tannenzweig, bei dem so richtig Festtagsfreude aufkommt ...

Das wird gebraucht

Konturenfarben
✔ Schwarz, Grün

Farben
✔ Glitzer-Grün, Fuchsia, Brombeer, Pfauenblau, Türkis, Strohgelb, Orientblau

Vorlage siehe Seite 96

So wird's gemacht

Malen Sie das Motiv wie unter »Technik« auf Seite 6 beschrieben. Sie können auch einzelne Motive, wie z. B. den Zug oder das Paket, separat noch einmal gestalten und in Ihrem Fenster zusammen mit dem Zweig dekorieren.

Vorlage siehe Seite 107

Lichtmotive »Baum«

Mit diesen leuchtenden Baummotiven werden die Dämmer- und Abendstunden in Ihrem Zuhause zum Fest.

Weihnachtsbaum

Das wird gebraucht

Konturenfarben
- ✔ Schwarz, Flitter-Silber, Flitter-Gold

Farben
- ✔ Moosgrün, Rubinrot, Sonnengelb, Royalblau, Rehbraun

Zusätzliches Material
- ✔ Stabile Folie, Teelicht

So wird's gemacht

Den Tannenbaum auf stabile Folie malen, trocknen lassen und ausschneiden. Den Folienstreifen unten an den Linien einschneiden und entlang der gestrichelten Markierungen nach hinten knicken. An den Einschnitten zusammenstecken und hinter dem Bäumchen das Teelicht platzieren.

Tannenwald

Das wird gebraucht

Farben
- ✔ Magenta, Rubinrot, Sonnengelb, Royalblau, Nachtblau, Glitzer-Orchidee

Zusätzliches Material
- ✔ Lichtmotiv aus Pappe (Bastelgeschäft), grüne Plakatfarbe, stabile Folie, Teelichter

So wird's gemacht

Bemalen Sie die Pappe mit grüner Farbe; trocknen lassen und die Ränder mit Glitzer-Orchidee bemalen. Anschließend kleben Sie bunt bemalte stabile Folienstücke auf der Rückseite über die Öffnungen in der Pappe. Stellen Sie Teelichter hinter das Lichtmotiv oder platzieren Sie es am Tage auf der Fensterbank.

Vorlage siehe Seite 109

Geschenkkarton mit Kranz

Besonders geheimnisvoll wirkt eine Geschenkschachtel, wenn Sie den Deckel transparent gestalten und mit einem weihnachtlichen Motiv verzieren.

Das wird gebraucht

Konturenfarben
✔ Schwarz, Flitter-Gold

Farben
✔ Moosgrün, Rubinrot

Zusätzliches Material
✔ Pappschachtel, stabile Folie, Cutter, Klebstoff, Watte

So wird's gemacht

Schneiden Sie mit dem Cutter eine Öffnung in den Deckel der Schachtel und kleben Sie die stabile Folie von innen dagegen. Anschließend das Kranzmotiv wie unter »Technik« auf Seite 6 beschrieben auf die Prospekthülle malen. Trocknen lassen und auf die Folie der Schachtel kleben. Der Schachtelrand wird mit Flitter-Gold-Sternchen und Punkten bemalt, die Schachtel mit Watte gefüllt.

Vorlage siehe Seite 109

Kartenkränzchen

Gerade für einen runden Kartenausschnitt bietet sich ein festliches Tannenkränzchen mit üppiger Schleife an.

Das wird gebraucht

Konturenfarben
✔ Schwarz, Flitter-Gold

Farben
✔ Moosgrün, Goldgelb

Zusätzliches Material
✔ Grüne Passepartoutkarte mit rundem Ausschnitt, weißes Papier zum Einlegen, stabile Folie, Klebstoff, goldene Paillettensternchen

So wird's gemacht

Kleben Sie die stabile Folie von der Rückseite in den Kartenausschnitt und legen Sie das weiße Papier für Ihre Grüße ein. Das Kranzmotiv malen Sie wie unter »Technik« auf Seite 6 beschrieben auf die Prospekthülle. Trocknen lassen und auf die Folie der Passepartoutkarte kleben. Zum Schluss die goldenen Paillettensternchen zur Dekoration auf die Karte aufkleben.

Vorlage siehe Seite 109

Glockenklang für die Vase

Mit diesem schmucken Glockengebinde verwandelt sich eine schlichte Glasvase im Nu zu einem festlichen Behältnis für ein Blumen- oder Kerzenarrangement.

Das wird gebraucht

Konturenfarbe
✔ Schwarz

Farben
✔ Glitzer-Diamantblau, Glitzer-Rot, Glitzer-Grün, Gold, Nachtblau, Kupfer

Zusätzliches Material
✔ Eckige Glasvase

So wird's gemacht

Malen Sie das Motiv wie unter »Technik« auf Seite 6 beschrieben; anschließend an gewünschter Stelle auf die Vase kleben.

Tipp

Eine buntere Variante der Glocken ist auf dem Buchumschlag. Suchen Sie Ihre liebsten Farben aus und gestalten Sie nach eigenen Ideen.

Vorlage siehe Seite 110

Sternen-regen

Lassen Sie einen bunten Sternenregen auf verschiedenste Glasgegenstände in Ihrer Wohnung herabrieseln.

Das wird gebraucht

Konturenfarbe
✔ Flitter-Silber

Farben
✔ Goldgelb, Violett, Maigrün, Royalblau, Kirschrot, Pink, Türkis

Zusätzliches Material
✔ Glasvase

So wird's gemacht

Malen Sie die Sterne in gewünschter Anzahl auf die Prospekthülle und verteilen Sie sie locker auf Ihrer Glasvase oder anderen Glasgegenständen.

Vorlage siehe Seite 111

Tischensemble »Weihnachtsstern«

Verwandeln Sie Ihren Festtagstisch in einen üppigen Weihnachtsstern-Garten in den klassischen Farben Rot und Grün – idealerweise kombiniert mit Weiß oder Gelb.

Einladungskarte

Das wird gebraucht

Konturenfarben
- ✔ Schwarz, Gelb

Farben
- ✔ Dunkelrot, Grün, Glitzer-Gold, Glitzer-Orchidee

Zusätzliches Material
- ✔ Goldkügelchen, rote Passepartoutkarte, stabile Folie, Klebstoff

So wird's gemacht

Kleben Sie stabile Folie von der Rückseite über die Öffnung der Karte und malen Sie das Motiv wie unter »Technik« auf Seite 6 beschrieben direkt darauf. Der Blütenstempel wird mit gelber Konturenfarbe ausgemalt, in die Sie sofort die Goldkügelchen setzen. Das Rechteck dann mit Glitzer-Gold ausmalen. Nach Wunsch weißes Papier in die Karte einlegen.

Blumentopfaufkleber

Das wird gebraucht

Konturenfarben
- ✔ Schwarz, Gelb

Farben
- ✔ Dunkelrot, Grün, Glitzer-Gold, Glitzer-Orchidee

Zusätzliches Material
- ✔ Goldkügelchen

So wird's gemacht

Malen Sie das Motiv wie unter »Technik« auf Seite 6 beschrieben. Der Blütenstempel wird mit gelber Konturenfarbe ausgemalt, die Goldkügelchen setzen Sie in noch nassem Zustand in die Farbe. Das fertige Motiv passend auf den Übertopf aufkleben.

Vorlage siehe Seite 111/112

Geschirrmotiv

Das wird gebraucht

Konturenfarben
✔ Schwarz, Gelb

Farben
✔ Dunkelrot, Grün, Glitzer-Gold, Glitzer-Orchidee

Zusätzliches Material
✔ Goldkügelchen

So wird's gemacht

Malen Sie das Motiv wie unter »Technik« auf Seite 6 beschrieben. Der Blütenstempel wird mit gelber Konturenfarbe ausgemalt, die Goldkügelchen verteilen Sie in der noch nassen Farbe.

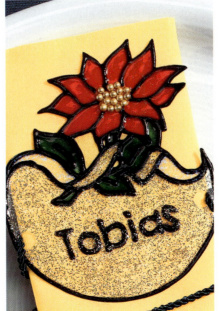

Serviettenring

Das wird gebraucht

Konturenfarben
✔ Schwarz, Gelb

Farben
✔ Dunkelrot, Grün, Glitzer-Gold, Glitzer-Orchidee

Zusätzliches Material
✔ Goldkügelchen, stabile Folie, je 1 m grüne Kordel

So wird's gemacht

Malen Sie das Motiv wie unter »Technik« auf Seite 6 beschrieben auf stabile Folie. Der Blütenstempel wird mit gelber Konturenfarbe ausgemalt, die Goldkügelchen setzen Sie darüber in die noch nasse Farbe. Die Motive trocknen lassen und anschließend ausschneiden. Zur Befestigung auf der Serviette wird das fertige Motiv an beiden Seiten gelocht; dann die grüne Kordel hindurchziehen, um die gefaltete Serviette schlingen und die Enden zu einer Schleife binden.

Vorlage siehe Seite 112

Süßer die Glocken nie klingen ...

...wenn sie sich als Dekoration eines verlockenden Geschenkkartons präsentieren, der mit duftiger Watte gefüllt ist.

Das wird gebraucht

Konturenfarben
✔ Schwarz, Flitter-Gold

Farben
✔ Dunkelrot, Sonnengelb, Glitzer-Diamantblau, Glitzer-Silber, Moosgrün

Zusätzliches Material
✔ Pappschachtel, Cutter, stabile Folie, Klebstoff, Watte

So wird's gemacht

Schneiden Sie mit dem Cutter eine kreisrunde Öffnung in den Deckel der Schachtel und kleben Sie die stabile Folie von innen dagegen. Anschließend das Glockenmotiv wie unter »Technik« auf Seite 6 beschrieben auf die Prospekthülle malen. Trocknen lassen und auf die stabile Folie der Schachtel kleben. Die Schachtel wird zum Schluss mit Watte gefüllt.

Vorlage siehe Seite 110

Glocken-Anhänger

Die baumelnden Glöckchen an einem Geschenk lassen jedes Herz höher schlagen.

Das wird gebraucht

Konturenfarben
✔ Schwarz, Flitter-Silber

Farben
✔ Moosgrün, Sonnengelb, Royalblau, Magenta, Mohnrot

Zusätzliches Material
✔ Stabile Folie, Nadel, Geschenkband

So wird's gemacht

Schreiben Sie zunächst den Namen der Person, die Sie beschenken wollen, mit Bleistift in Ihre Vorlage. Anschließend die Glocken wie unter »Technik« auf Seite 6 beschrieben auf stabile Folie malen. Im oberen Teil der Glocke wird in noch nassem Zustand die hellere Farbe mit einem Zahnstocher in die dunklere Farbe gezogen. Trocknen lassen und den Schriftzug mit Flitter-Silber eintragen. Die fertigen Anhänger ausschneiden, Löcher vorstechen und das Geschenkband als Aufhänger durchziehen.

Vorlage siehe Seite 110

Schüttelkarte mit Komet

Ein ganzer Sternenhimmel eröffnet sich mit dieser Karte – allen voran natürlich der weihnachtliche Schweifstern.

Das wird gebraucht

Konturenfarbe
✔ Flitter-Silber

Farben
✔ Rubinrot, Goldgelb

Zusätzliches Material
✔ Goldene Paillettensternchen, silberner Glimmer, stabile Folie, blaue Schüttelkarte (im Handel erhältlich)

So wird's gemacht

Kleben Sie stabile Folie von innen über die Öffnung der Karte ein; anschließend Glimmer und Paillettensternchen aufstreuen und das seitliche Faltteil der Karte als Deckel nach innen darüber kleben. Den Schweifstern malen Sie wie unter »Technik« auf Seite 6 beschrieben auf die Prospekthülle. Die beiden Farben werden in nassem Zustand mit einem Zahnstocher ineinander gezogen. Trocknen lassen und auf die Folie der Schüttelkarte kleben.

Vorlage siehe Seite 111

Sternen-kette

Glanzvoller bunter Schmuck für eine Lichterkette, die damit zu einer ausgefallenen Raumdekoration wird.

Das wird gebraucht

Konturenfarbe
✔ Flitter-Gold

Farben
✔ Sonnengelb, Dunkelrot, Maigrün, Pink, Magenta, Royalblau

Zusätzliches Material
✔ Stabile Folie, weiße Lichterkette, Tesafilm

So wird's gemacht

Malen Sie die Sterne wie unter »Technik« auf Seite 6 beschrieben in gewünschter Zahl auf stabile Folie; dann trocknen lassen und ausschneiden. Die fertigen Sterne werden mit Tesafilm jeweils vor einem Lämpchen der Lichterkette befestigt.

Vorlage siehe Seite 111

Süßes Knusperhaus

Gut, dass es nicht wirklich angeknabbert werden kann – sonst würde dieses verlockende »Lebkuchenhäuschen« wohl nicht mehr lange leuchten.

Das wird gebraucht

Konturenfarben
✔ Schwarz, Flitter-Silber, Gold

Farben
✔ Weiß irisierend, Diamantblau, Moosgrün, Bernstein, Dunkelrot, Rehbraun

Zusätzliches Material
✔ Stabile Folie, Teelicht

So wird's gemacht

Malen Sie das Motiv wie unter »Technik« auf Seite 6 beschrieben auf stabile Folie; dann trocknen lassen und ausschneiden. Aus der Folie wird zusätzlich nach Vorlage ein Rechteck geschnitten; dieses an den Markierungslinien einschneiden, den Folienstreifen an den Seitenkanten des Hauses nach hinten umknicken und die Enden zusammenstecken. Nun kann zur Beleuchtung eine Kerze oder ein Teelicht hinter dem Haus aufgestellt werden.

Vorlage siehe Seite 113

Lebkuchen-Lolly

Ob Sie am Tisch jemanden täuschen oder Ihren Pflanzen eine originelle Dekoration zukommen lassen wollen – für diese hübschen Stecker findet sich immer eine Verwendungsmöglichkeit.

Das wird gebraucht

Konturenfarben
✔ Schwarz, Gold

Farben
✔ Diamantblau, Koralle, Bernstein, Rehbraun

Zusätzliches Material
✔ Stabile Folie, Schaschlikspieß, Tesafilm, Cutter

Vorlage siehe Seite 113

So wird's gemacht

Malen Sie die Motive wie unter »Technik« auf Seite 6 beschrieben auf stabile Folie; dann trocknen lassen und ausschneiden. An den transparenten Ansatzstücken schneiden Sie mit dem Cutter die beiden Linien ein und schieben den Schaschlikspieß hindurch. Dieser wird auf der Rückseite des Motivs mit Tesafilm festgeklebt.

Bilderkette aus Lebkuchen

Vor dem Fenster oder auch mitten im Raum – diese Kette ist immer ein Blickfang. Und das nicht nur für Naschkatzen.

Das wird gebraucht

Konturenfarben
✔ Schwarz, Silber

Farben
✔ Pastell-Gelb, Pastell-Grün, Pastell-Rot, Pastell-Blau, Weiß, Rehbraun

Zusätzliches Material
✔ Stabile Folie, Klebstoff, Nadel, Silberfaden

So wird's gemacht

Malen Sie die Motive wie unter »Technik« auf Seite 6 beschrieben auf stabile Folie; dann trocknen lassen und ausschneiden. Mit dem Silberfaden, den Sie durch die vorgestochenen Löcher ziehen, werden die Lebkuchen zu einer Kette aufgereiht. Den Faden an den Einstichstellen mit etwas Klebstoff fixieren, damit die Motive nicht verrutschen.

Vorlage siehe Seite 114

Großmutters Einmachglas

Verschenken Sie doch einmal Süßes in einem mit Liebe und passend dekorierten Glas.

Das wird gebraucht

Konturenfarben
✔ Schwarz, Silber

Farben
✔ Pastell-Gelb, Pastell-Grün, Pastell-Rot, Pastell-Blau, Weiß, Rehbraun

Zusätzliches Material
✔ Vorratsglas

So wird's gemacht

Malen Sie die Motive wie unter »Technik« auf Seite 6 beschrieben und kleben Sie sie nach Wunsch auf dem Glas auf.

Vorlage siehe Seite 114

Tüten-Engelchen

Für kleine Geschenke von Herzen, die in kleinen Geschenktüten überbracht werden sollen, ist dieser freundliche Himmelsbote gerade recht.

Das wird gebraucht

Konturenfarben
✔ Schwarz, Flitter-Silber

Farben
✔ Dunkelrot, Grün, Glitzer-Gold, Goldgelb, Koralle

Zusätzliches Material
✔ Weiße Lacktüte

So wird's gemacht

Malen Sie das Motiv wie unter »Technik« auf Seite 6 beschrieben und kleben Sie das fertige Engelchen auf Ihre Geschenktüte.

Vorlage siehe Seite 115

Laternen-Stecker-Set

Ob Nikolaus oder – nach angelsächsischer Manier – Weihnachtsmann: Der riesige Geschenkeberg passt in jedem Fall.

Das wird gebraucht

Konturenfarben
- Schwarz, Flitter-Silber, Flitter-Gold

Farben
- Maigrün, Rubinrot, Sonnengelb, Royalblau, Weiß, Rehbraun, Fleischfarbe

Zusätzliches Material
- Stabile Folie, vorgefertigte rote Laterne (Bastelgeschäft), Schaschlikspieße, Cutter, Tesafilm, Klebstoff

So wird's gemacht

Laterne
Die Laternenteile falzen und zusammenkleben, anschließend die stabile Folie entsprechend zuschneiden und hinter die Laternenöffnungen kleben. Malen Sie die Motive wie unter »Technik« auf Seite 6 beschrieben auf Prospekthüllen; die fertigen Motive werden auf den Folienwänden festgeklebt.

Blumenstecker
Malen Sie die Motive wie unter »Technik« auf Seite 6 beschrieben auf stabile Folie; dann trocknen lassen und ausschneiden. An den transparenten Ansätzen der Motive schneiden Sie mit dem Cutter die beiden Linien ein und schieben jeweils den Schaschlikspieß hindurch. Dieser wird auf der Rückseite des Motivs mit Tesafilm festgeklebt.

Vorlage siehe Seite 116

Himmlische Engellaterne

Vor strahlendem Himmelsblau mit Sternen präsentiert sich der glitzernde Engel, den die Beleuchtung noch intensiver zum Strahlen bringt.

Das wird gebraucht

Konturenfarben
✔ Schwarz, Flitter-Silber, Blau

Farben
✔ Dunkelrot, Grün, Glitzer-Silber, Koralle, Diamantblau, Royalblau, Goldgelb

Zusätzliches Material
✔ Laternenfolie, Käseschachtel (Ø 11 cm), Klebstoff, Teelicht

So wird's gemacht

Die Laternenfolie mit dem Engel, sechs Wölkchen und sechs Sternen in verschiedenen Größen bemalen; die Zwischenräume mit Diamantblau ausfüllen. Nach dem Trocknen kleben Sie die bemalte Folie rund um die Käseschachtel fest. In die Zylinderlaterne ein Teelicht setzen.

Vorlage siehe Seite 115

Engelreigen

Über- und untereinander – auch nebeneinander, wenn Sie wollen: Engel kann man nie genug im Haus haben.

Das wird gebraucht

Konturenfarben
✔ Schwarz, Flitter-Gold, Blau

Farben
✔ Dunkelrot, Grün, Glitzer-Gold, Goldgelb, Koralle, Pink, Diamantblau, Royalblau

Zusätzliches Material
✔ Stabile Folie, Nadel, Goldfäden

So wird's gemacht

Malen Sie die Motive wie unter »Technik« auf Seite 6 beschrieben auf stabile Folie; dann trocknen lassen und ausschneiden. Mit dem Goldfaden, den Sie durch die vorgestochenen Löcher ziehen, werden die Engel, Sterne und die Wölkchen untereinander zu einer Bilderkette verbunden.

Tipp

Einige zusätzliche Goldfäden ohne Motive machen einen regelrechten »Vorhang« aus dem Arrangement.

Vorlage siehe Seite 115

Kerzenstimmung

Als Fensterbild, vor allem aber als Standobjekt mit einem Teelicht verbreitet dieses Kerzenmotiv eine wohlige Stimmung.

Lichtmotiv

Das wird gebraucht

Konturenfarben
✔ Schwarz, Rot, Grün, Flitter-Gold

Farben
✔ Moosgrün, Goldgelb, Dunkelrot, Orange, Nougat, Hellbraun, Glitzer-Rot

Zusätzliches Material
✔ Stabile Folie, Teelicht, Klebstoff

So wird's gemacht

Malen Sie das Motiv wie unter »Technik« auf Seite 6 beschrieben auf stabile Folie; dann trocknen lassen und ausschneiden. Zusätzlich schneiden Sie ein Rechteck aus Folie zu (siehe Vorlage Seite 90; die Markierungslinien einschneiden, an den gestrichelten Markierungen das Rechteck nach hinten umknicken. Stecken Sie nun den Streifen zusammen und kleben Sie ihn auf der Rückseite des Kerzenmotivs als Stützgerüst fest. Nun kann zur Beleuchtung eine Kerze oder ein Teelicht hinter dem Motiv aufgestellt werden.

Vorlage siehe Seite 118

Fensterbild

Das wird gebraucht

Konturenfarben
✔ Schwarz, Flitter-Gold

Farben
✔ Moosgrün, Goldgelb, Diamantblau, Glitzer-Diamantblau, Nougat, Hellbraun

So wird's gemacht

Malen Sie das Motiv wie unter »Technik« auf Seite 6 beschrieben.

Vorlage siehe Seite 117

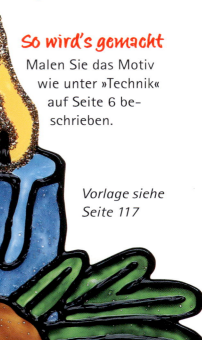

67

Ilex-Kugeldekor

Die Blätter der Stechpalme sind ein klassisches weihnachtliches Dekormotiv, das sogar auf eine Kugel passt.

Das wird gebraucht

Konturenfarbe
- Schwarz

Farben
- Dunkelrot, Moosgrün, Glitzer-Gold

Zusätzliches Material
- Plastikkugeln (Ø 8 und 10 cm), 1 m kariertes Band (4 cm breit), 3 m dunkelgrüne Kordel

So wird's gemacht

Malen Sie die Motive wie unter »Technik« auf Seite 6 beschrieben auf die Prospekthülle. Die Kugeln werden zunächst von innen mit Pünktchen, Strichen oder Schlangenlinien aus Glitzer-Gold bemalt; nachdem dieses Dekor getrocknet ist, kleben Sie die fertigen Motive auf den Kugeln fest.

Aus je 30 cm Band eine einfache Schleife bilden und diese mit je 10 cm Kordel in der Mitte abbinden. Mit den restlichen 90 cm Kordel binden Sie die Schleife über der Kugel fest und hängen diese an der gewünschten Stelle auf.

Vorlage siehe Seite 118

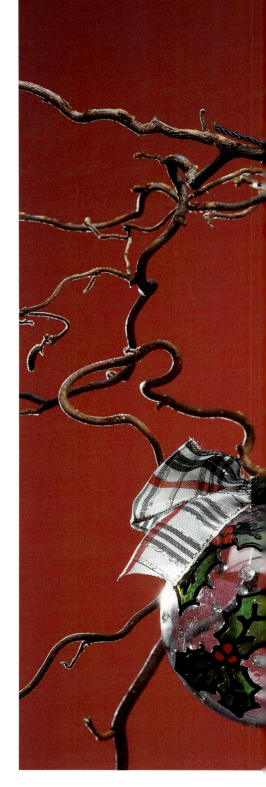

Advents-kranz

Zur Adventszeit gehört der Kranz. Dieses farbenfrohe Exemplar zeigt an, dass das Fest nicht mehr weit entfernt sein kann.

Das wird gebraucht

Konturenfarben
✔ Schwarz, Flitter-Gold

Farben
✔ Moosgrün, Goldgelb, Dunkelrot, Diamantblau, Glitzer-Diamantblau, Glitzer-Violett, Pink, Gold, Glitzer-Rot, Kristallklar

So wird's gemacht

Malen Sie das Motiv wie unter »Technik« auf Seite 6 beschrieben. Die Zwischenräume bis zu den Sternchen füllen Sie mit Kristallklar aus, damit das Motiv insgesamt am Fenster befestigt werden kann. Alternativ können Sie die Sterne aber auch separat malen und nach Belieben über dem Kranz anordnen.

Vorlage siehe Seite 119

Weihnachtliche Geschenktasche

Die ideale Verpackung für Neugierige: Man sieht sofort, was es gibt. Oder? Schnippchen schlagen und nochmals verpacken!

Das wird gebraucht

Konturenfarbe
✔ Schwarz

Farben
✔ Weiß, Himbeer, Citron, Himmelblau, Cognac, Blattgrün, Rosé

Zusätzliches Material
✔ Transparente Plastiktasche mit Drahteinsatz

So wird's gemacht

Malen Sie die Motive wie unter »Technik« auf Seite 6 beschrieben. Trocknen lassen und in die durch den Einsatz entstehenden Felder auf der Tasche kleben.

Tipp

Die Tasche lässt sich mit einem feuchten Tuch abwischen, ohne dass die Motive beschädigt werden.

Vorlage siehe Seite 117

Vorlagen

Rentier-Schmuck
Seite 8

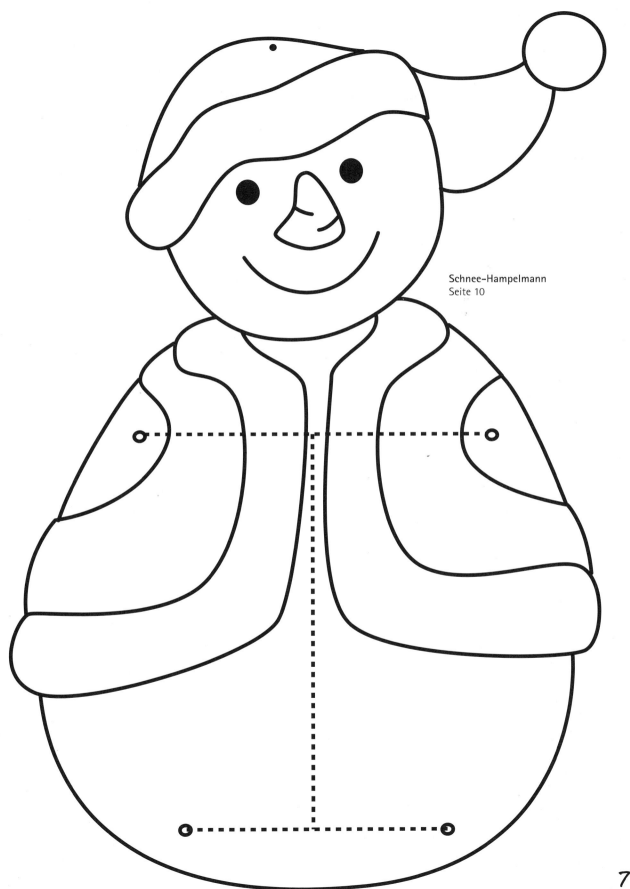

Schnee-Hampelmann
Seite 10

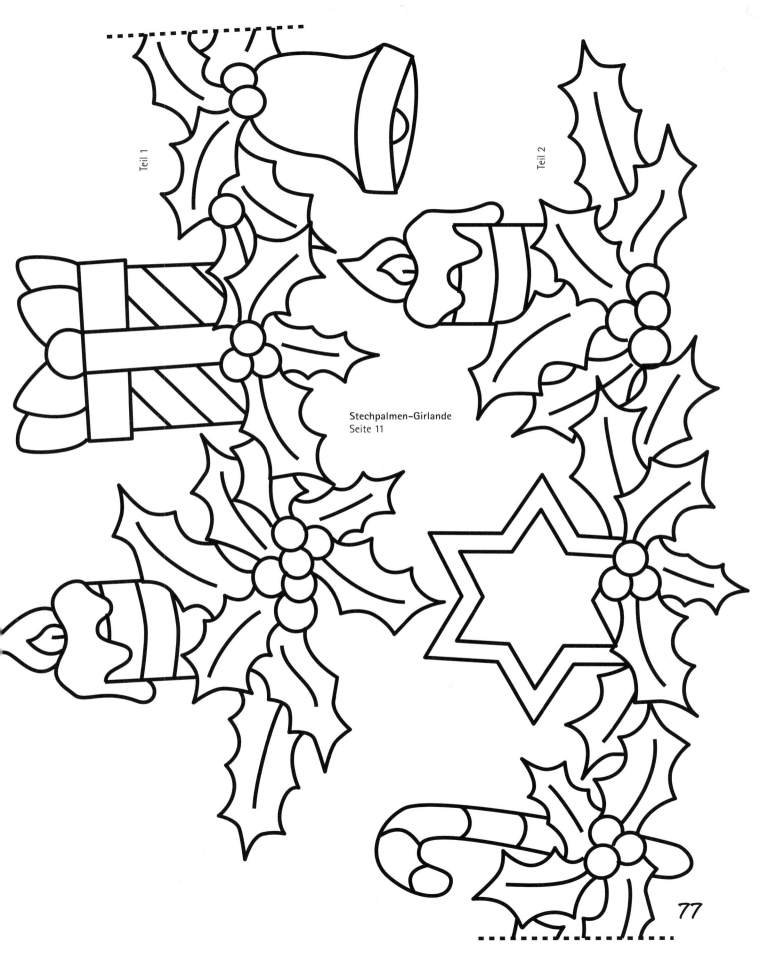

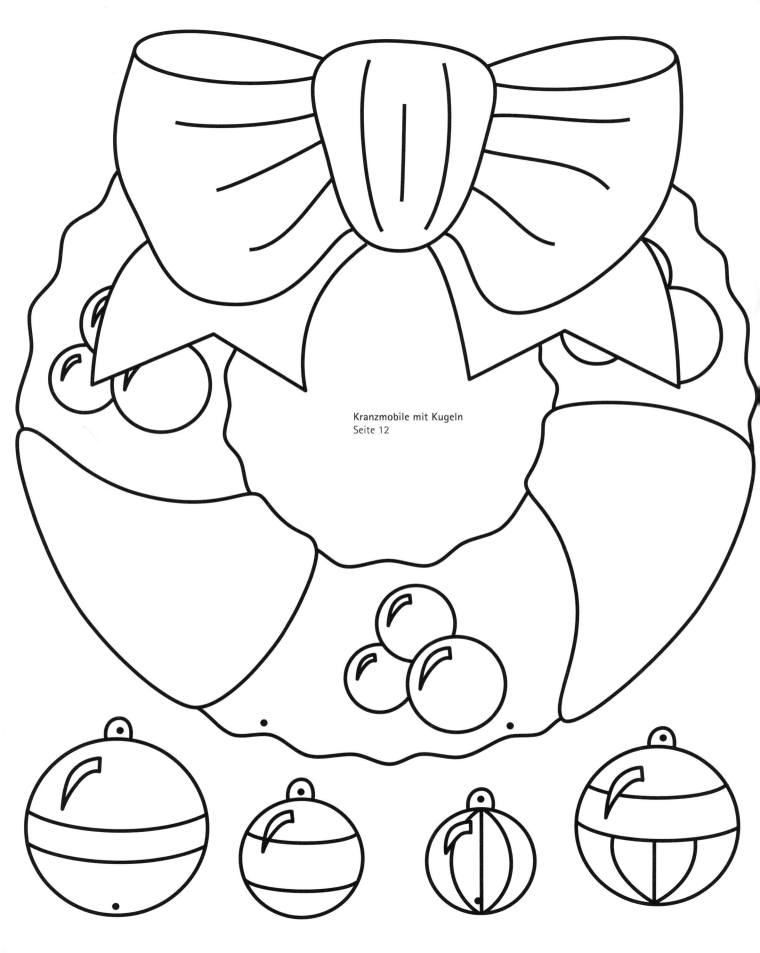

Kranzmobile mit Kugeln
Seite 12

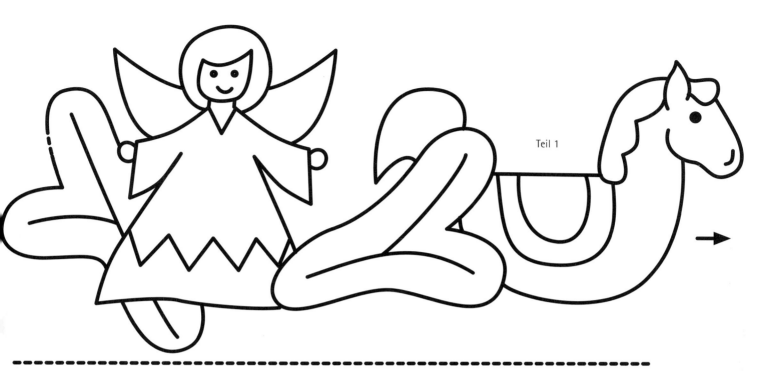

Teil 1

Girlande mit Tannengrün
Seite 13

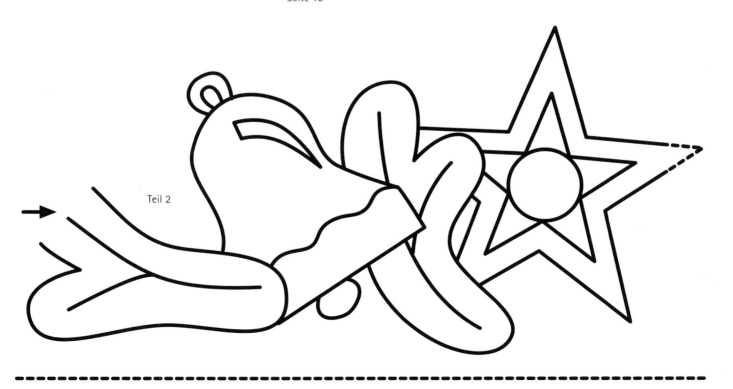

Teil 2

79

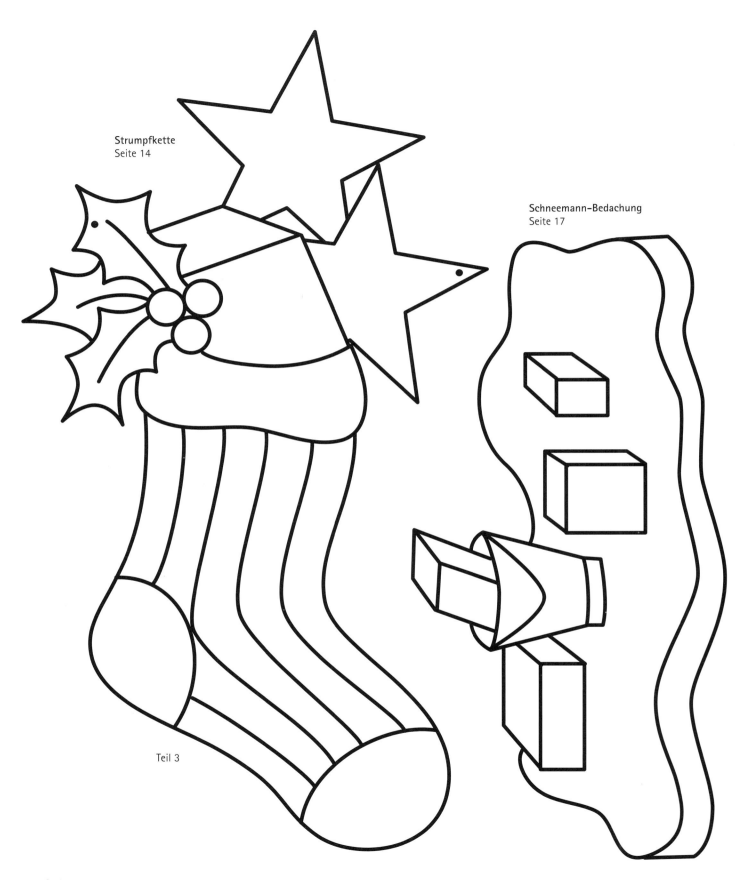

Schneemann-Bedachung
Seite 17

Tanzende Pinguinkolonie
Seite 16

Adventskalender
Seite 22

Adventskalender
Seite 22

Engel im Mond
Seite 20

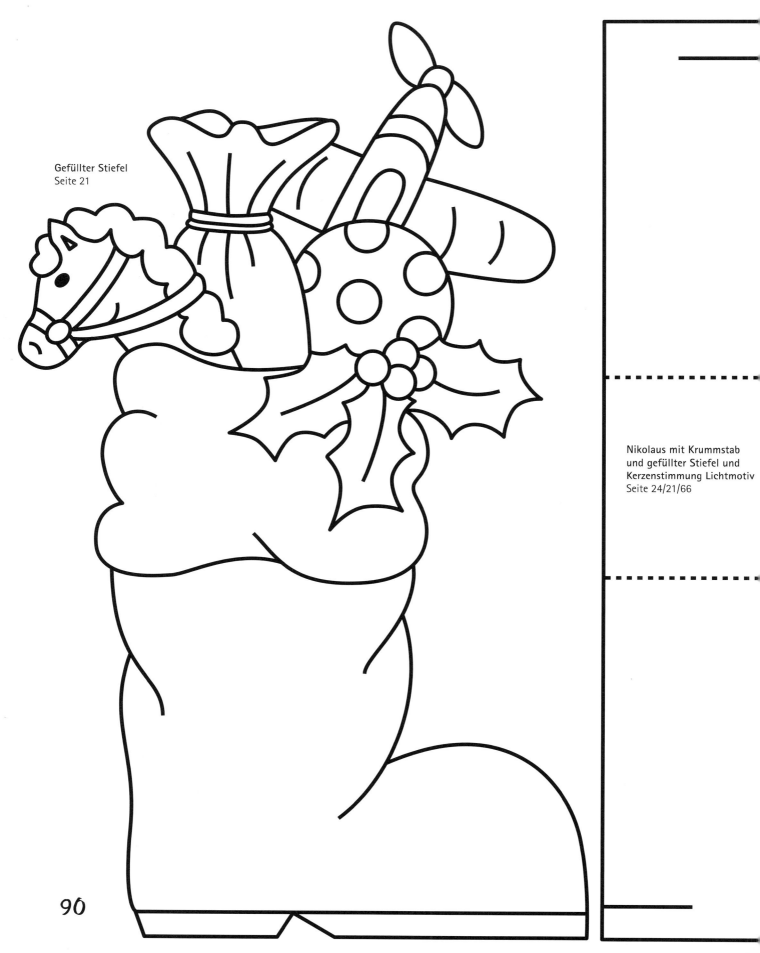

Gefüllter Stiefel
Seite 21

Nikolaus mit Krummstab und gefüllter Stiefel und Kerzenstimmung Lichtmotiv
Seite 24/21/66

Geschäftige Blumenstecker
Seite 28

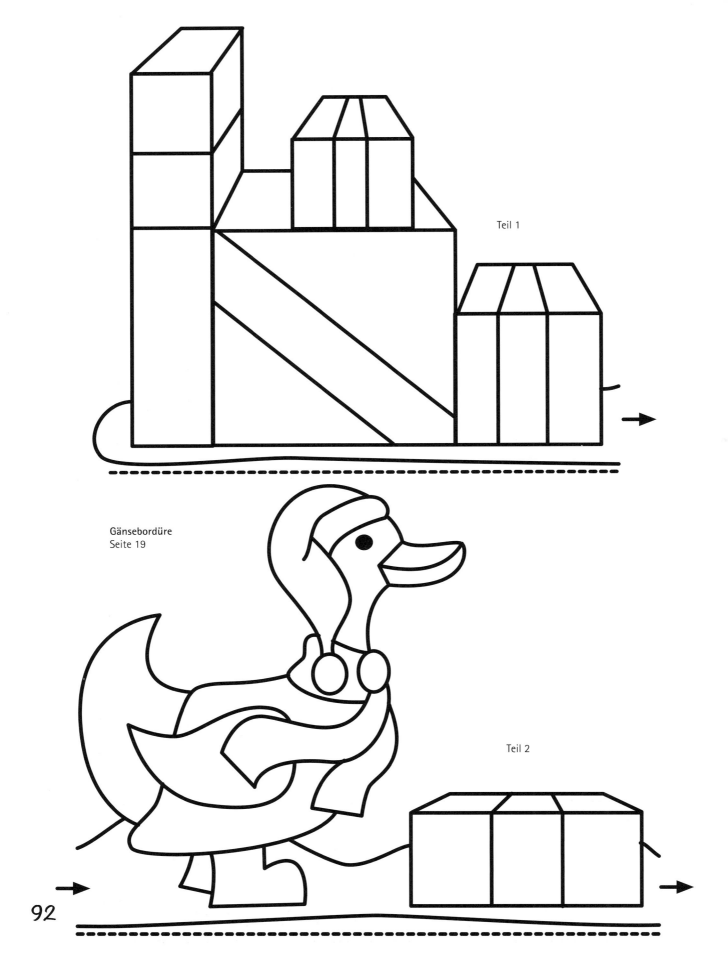

Gänsebordüre
Seite 19

Teil 5

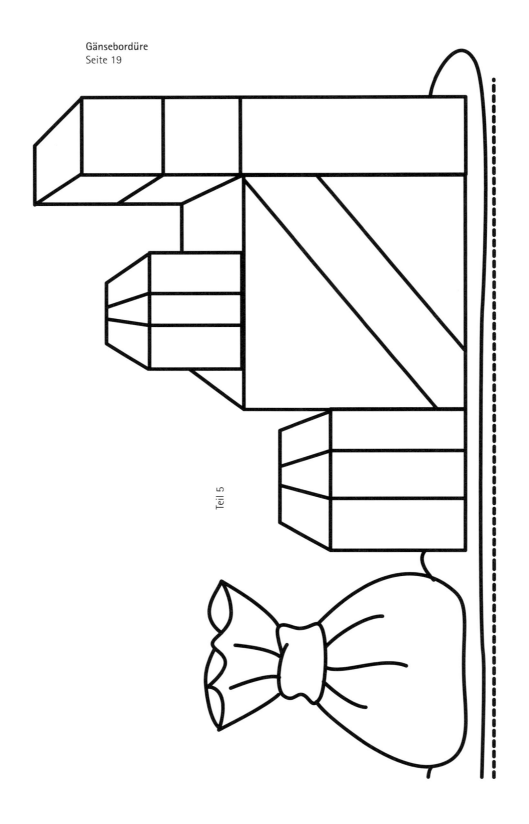

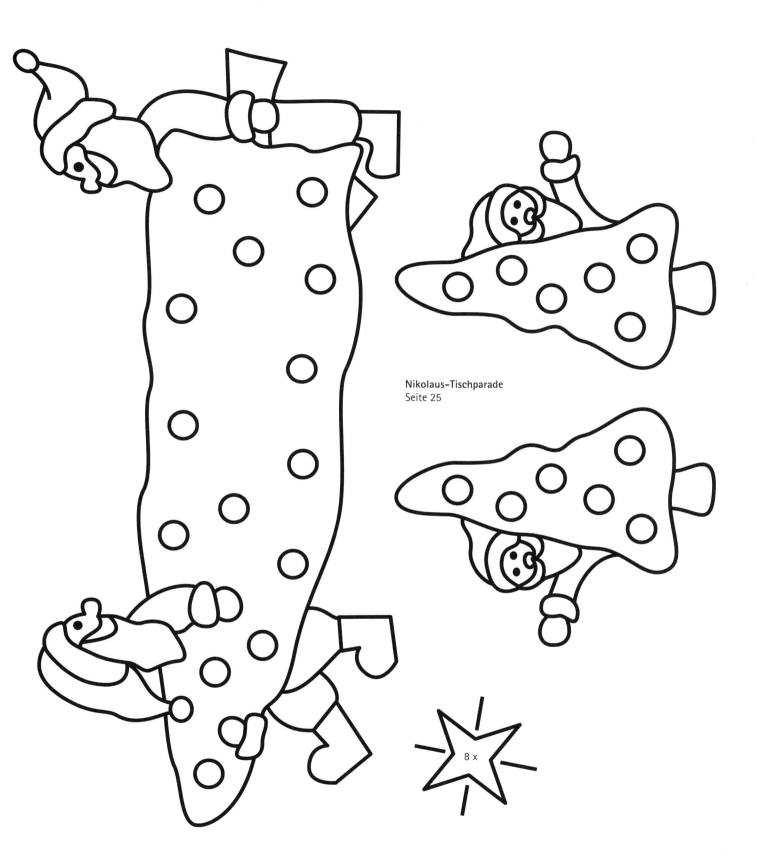

Nikolaus-Tischparade
Seite 25

Festtagszweig
Seite 40

Geschenkaufkleber-Trio
Seite 30

Weihnachtswünsche im Flug
Seite 31

Beschirmte Winterwelt
Seite 32

Nostalgische Grußkarten
Seite 33

Beschirmte Winterwelt
Seite 32

Eckmotiv «Kerzengesteck»
Seite 35

Christrosen-Pracht
Seite 34

Vogelhäuschen
Seite 38

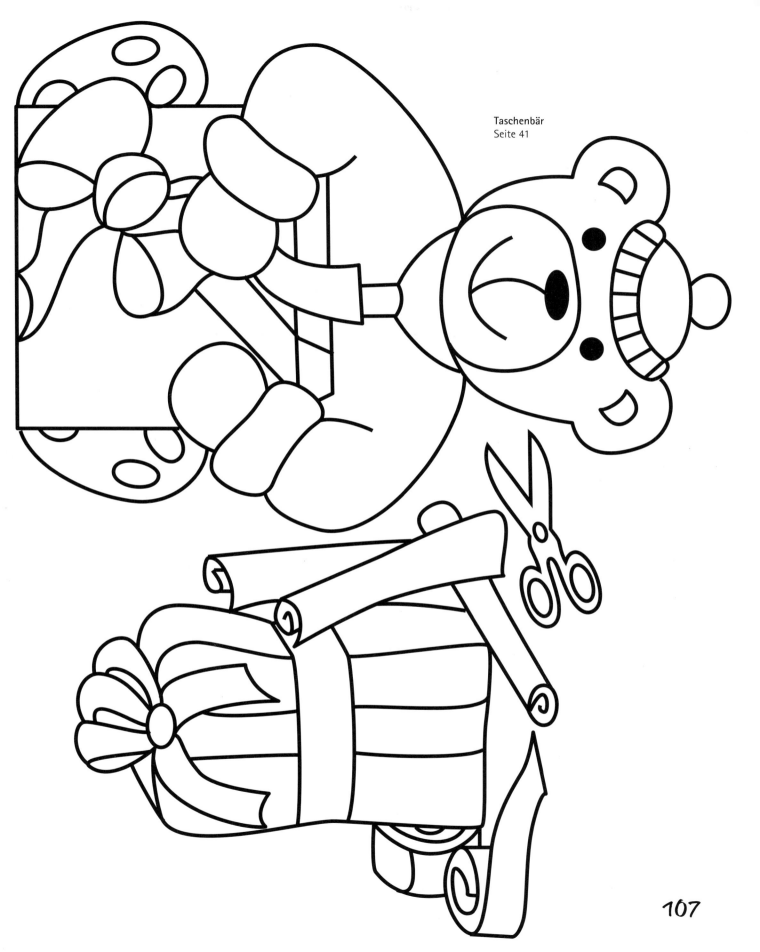

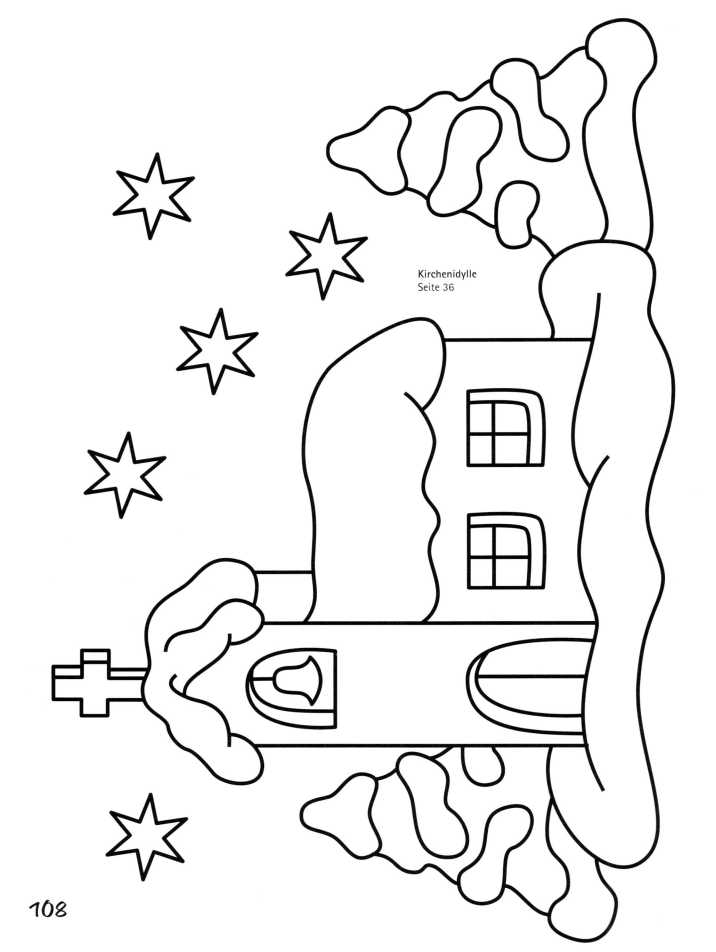

Kirchenidylle
Seite 36

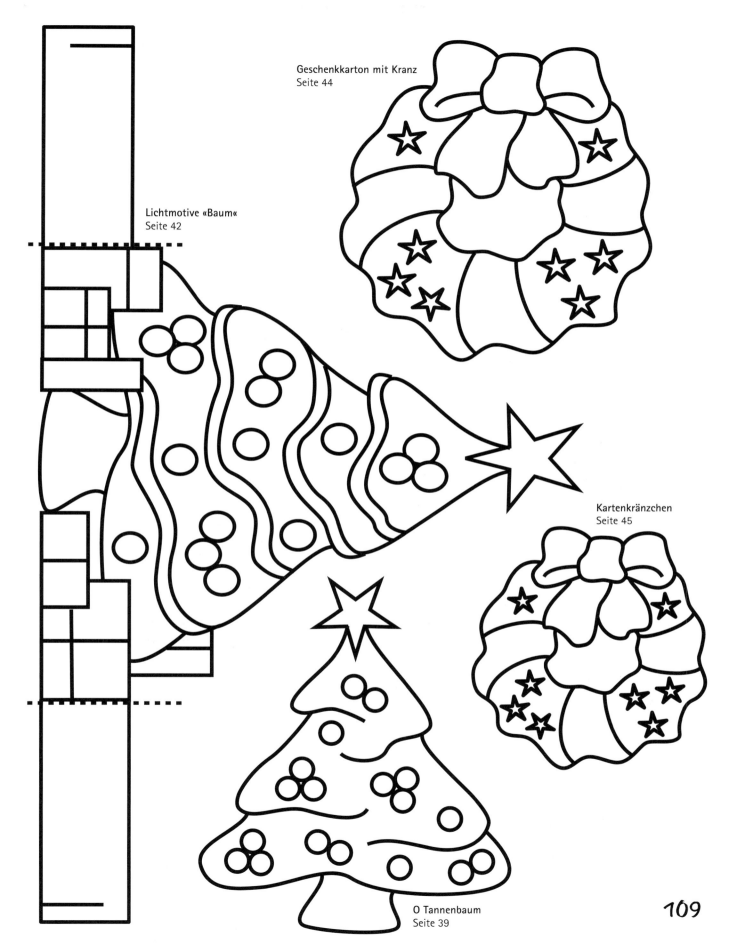

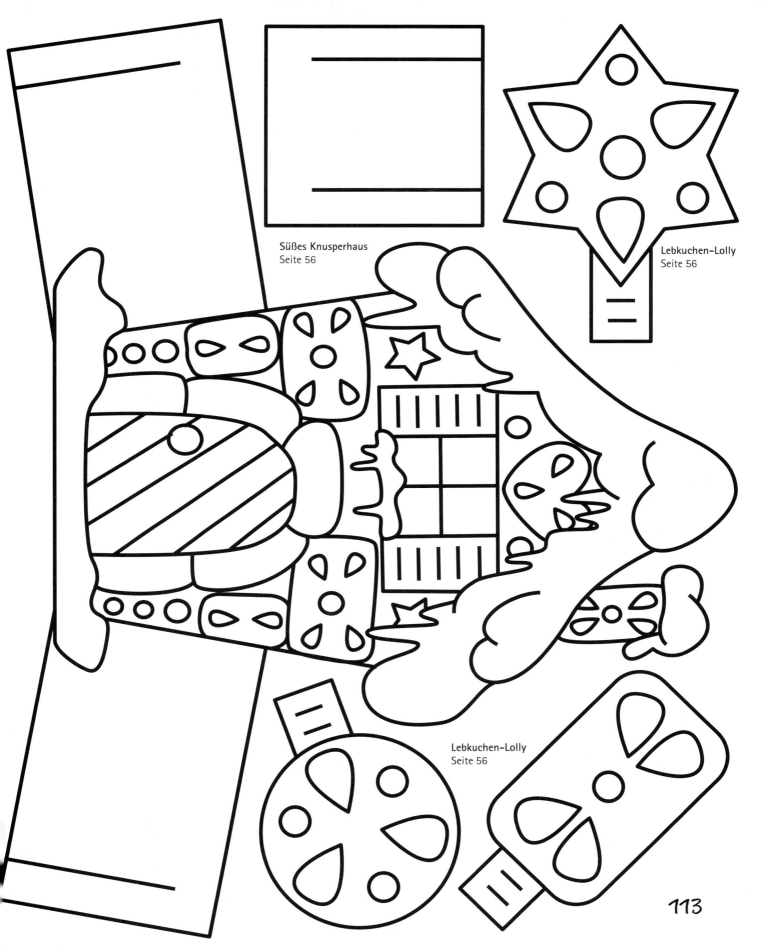

Süßes Knusperhaus
Seite 56

Lebkuchen-Lolly
Seite 56

Lebkuchen-Lolly
Seite 56

113

Bilderkette aus Lebkuchen und Großmutters Einmachglas
Seite 58/60

Laternen-Stecker-Set
Seite 62

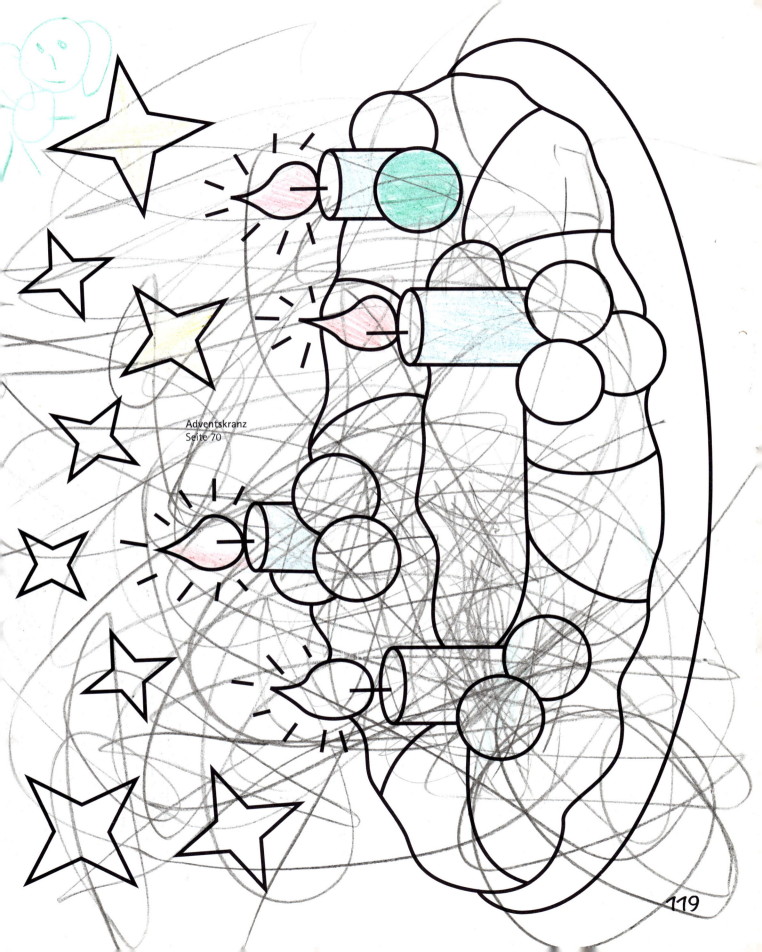

Adventskranz
Seite 70

Die Deutsche Bibliothek – CIP-Einheitsaufnahme

Ein Titeldatensatz für diese Publikation ist bei
Der Deutschen Bibliothek erhältlich.

Das Werk einschließlich aller seiner Teile ist urheberrechtlich geschützt.

Jede Verwertung außerhalb des Urhebergesetzes ist ohne Zustimmung des Verlages unzulässig und strafbar. Das gilt insbesondere für Vervielfältigungen, Übersetzungen, Mikroverfilmungen und die Einspeicherung und Verarbeitung in elektronischen Systemen.

Es ist deshalb nicht gestattet, Abbildungen dieses Buches zu scannen, in PCs oder auf CDs zu speichern oder in PCs/Computern zu verändern oder einzeln oder zusammen mit anderen Bildvorlagen zu manipulieren, es sei denn mit schriftlicher Genehmigung des Verlages.

Die im Buch veröffentlichten Ratschläge wurden von Verfasserin und Verlag sorgfältig erarbeitet und geprüft. Eine Garantie kann dennoch nicht übernommen werden. Ebenso ist die Haftung der Verfasserin bzw. des Verlages und seiner Beauftragten für Personen-, Sach- und Vermögensschäden ausgeschlossen.

Jede gewerbliche Nutzung der Arbeiten und Entwürfe ist nur mit Genehmigung von Verfasser und Verlag gestattet.

Bei der Verwendung im Unterricht und in Kursen ist auf dieses Buch hinzuweisen.

Fotografie: Klaus Lipa, Diedorf bei Ausgburg
Lektorat: Eva-Maria Müller, Augsburg
Umschlagkonzeption: Kontrapunkt, Kopenhagen
Umschlaglayout/Herstellung: Melanie Gradtke
Layout: Anton Walter, Gundelfingen

AUGUSTUS VERLAG, München 2000
© Weltbild Ratgeber Verlage GmbH & Co. KG.

Satz: Gesetzt aus 11 Punkt Rotis von DTP-Design Walter, Gundelfingen
Reproduktion: GAV Prepress, Gerstetten
Druck und Bindung: Appl, Wemding

Gedruckt auf 135 g umweltfreundlich chlorfrei gebleichtem Papier.

ISBN 3-8043-0815-5

Printed in Germany